I0122503

BIBLIOTHÈQUE
MORALE

Les Armées d'Orient

IIII

CAMBRAI. IMPRIMERIE DE SIMON

294

BIBLIOTHÈQUE MORALE.

BIBLIOTHÈQUE

MORALE

EXTRAITE DES ANNALES DU BIEN

PUBLIÉES PAR

M. J. DELVINCOURT

LES ARMÉES D'ORIENT.

IV

CAMBRAI

Simon, Imprimeur-Éditeur.

1855
1856

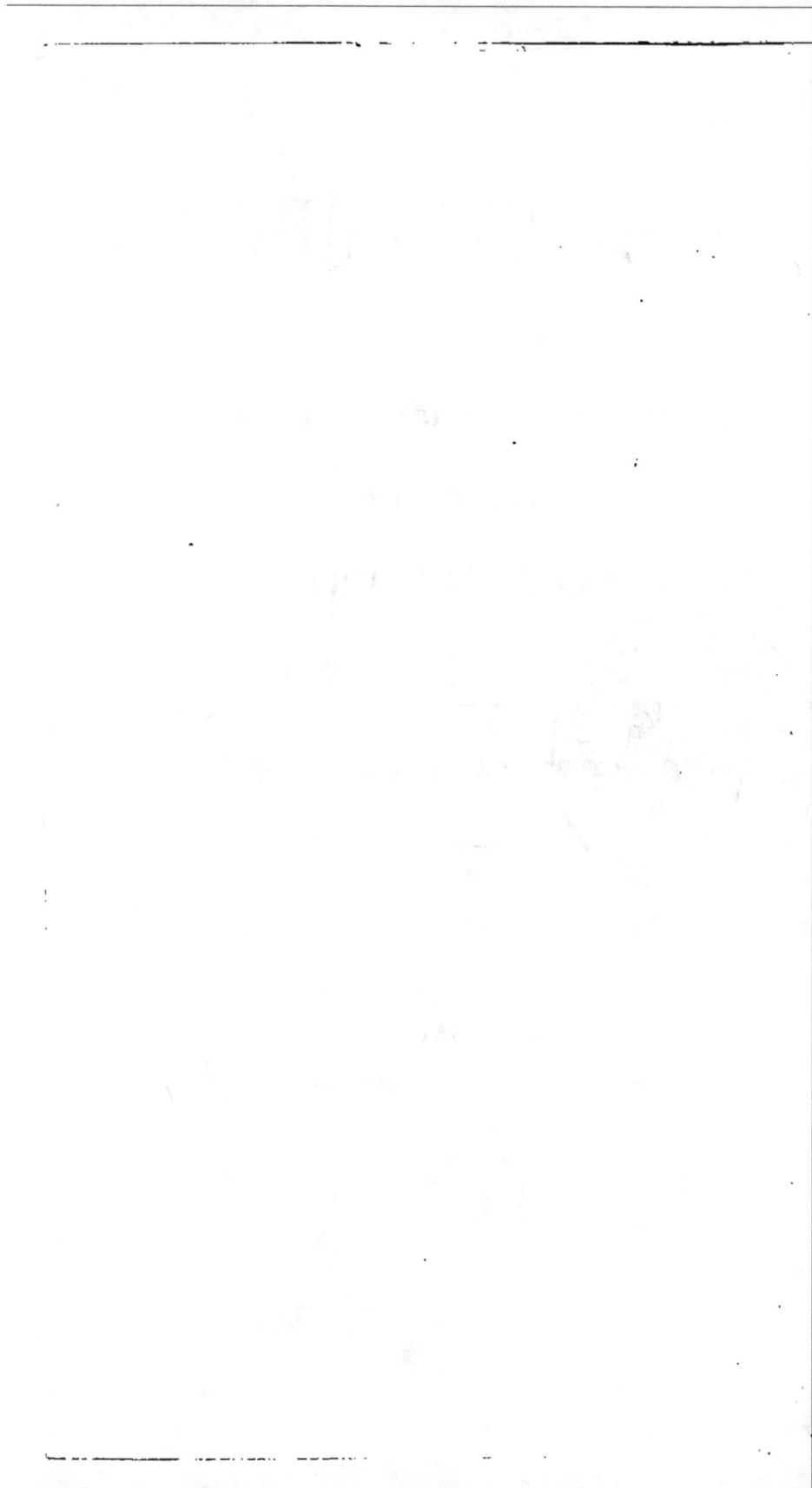

ARMÉES D'ORIENT.

UN CAPITAINE DE ZOUAVES.

Voici un saisissant épisode que nous raconte, dans une noble lettre, le capitaine *Duboy*, du 1er bataillon, au 3e zouaves :

« Dans la nuit du 22 au 23 mai dernier, les Russes, au nombre d'environ 10,000 hommes, ont dirigé une violente attaque contre nos travaux de la tour Malakoff. Le 2e bataillon du régiment s'y trouvait de garde en ce moment. L'action a été des plus chaudes. Le brave de Crécy après avoir combattu avec un sang-froid et un courage qui ont fait l'admiration de tous, a reçu plusieurs blessures, notamment une au bras et à la cuisse. Il n'a malheureusement pas pu être enlevé du champ de bataille, et a été fait prisonnier par les Russes. Conduit chez un officier, il y a été traité avèc tous les égards dus à son courage et à son malheur. Il a dû subir l'amputation du bras. Dieu et des soins intelligents feront le reste, j'espère. »

Pendant que l'on ramassait les morts et les blessés, un officier russe a raconté les détails suivants à un capitaine français :

« L'officier dont vous parlez est à l'hôpital de Sébastopol, on l'a amputé d'un bras, il a une blessure à la tête et une autre à la cuisse; il a pu faire écrire à sa famille qu'il paraît aimer tendrement pour la rassurer, c'est un brave.... Longtemps nous avons lutté corps à corps, et nous n'avons pu l'emmener que, lorsque blessé, il est tombé épuisé ; les forces manquaient à son courage. Il a en moi un ami pour toujours. Je me fais un devoir de veiller aux soins qu'on lui donne et à tout ce qui le concerne. » Et voici comment écrit cet homme criblé de blessures :

« Mon cher ami ,

« J'ai une assez triste nouvelle à t'apprendre.... *J'ai été un peu* éprouvé dans l'affaire du 24 mai , car à peine avais-je reçu la balle qui me brisait le haut du bras droit, que j'en recevais une autre qui me brisait la cuisse droite. Les médecins ne doutent pas de la conservation de ma jambe, mais pour le bras il n'a pas fallu y penser. Ce qui me fait le plus souffrir, ce sont quelques coups de crosse que j'ai reçus en pleine poitrine.

« Mon cher Ernest, je compte sur vous pour préparer ma pauvre femme à cet événement si grave; mais dites-lui bien que j'espère conserver la vie et rentrer un jour en France. »

(La signature est de la main gauche du pauvre amputé.)

Les espérances du brave capitaine ont été déçues, il est mort.., et voici comment une

religieuse russe raconte ses derniers moments :

« Nous avons eu ici parmi les officiers
français, un officier, le capitaine de Crécy ;
il avait d'affreuses blessures, ses jambes
étaient fracassées et on lui a fait l'amputation du bras; il avait en outre un coup
de baïonnette dans la poitrine, sa tête était
pourfendue de coups de sabre. De plus, il
était abîmé de coups de crosse. Il a vécu six
jours, et il y a eu de quoi être étonné de
la force avec laquelle il a lutté contre la
mort.

« Je suis venue le voir, une heure avant
sa mort; il me demanda des nouvelles
de ma santé et fit la remarque que j'étais
pâle. C'est à peine si j'eus la force de lui
répondre et je m'éloignai. J'accompagnai
le cercueil jusqu'au cimetière... Mes larmes
coulèrent... »

Le capitaine de Crécy avait autant de foi

que de courage. Au moment de son départ, il écrivait à sa femme :

« Je te le répète, je vais au combat avec confiance ; j'y ferai mon devoir, confiant dans vos prières ; si je succombe, ce sera du moins avec l'espoir de nous retrouver un jour. Mais Dieu nous a tellement protégés jusqu'à présent, qu'il permettra que nous nous revoyons dans ce monde.... J'en ai bon espoir ; n'en disons pas moins : « Que « sa volonté soit faite et son nom béni ! »

« Après la bataille d'Inkermann, mon pauvre ami n'a pas été aussi heureux que moi. Ce pauvre de la Barre a été tué au champ d'honneur en tête de sa compagnie. Son cadavre a été un instant au pouvoir des Russes, mais nos braves zouaves ont redoublé d'énergie et ont pu reprendre leur capitaine. Quand j'ai appris cette mort, j'ai cru que le cœur allait me manquer, que je ne pourrais plus me battre..., mais bientôt, rappelant mon courage, je ne pensai plus qu'à venger mon ami. L'ordre venait d'être donné de charger à la baïonnette. J'enfonçai mes éperons dans les flancs de mon cheval, et m'élançant à la tête des zouaves, je criai : A la baïonnette ! Dieu m'a protégé, et mon pauvre camarade a été bien vengé. Je l'ai fait transporter à l'ambulance et j'ai recueilli tous les souvenirs précieux pour sa pauvre femme : ses cheveux, sa croix, *la petite médaille qu'il portait à son cou.*

Quels hommes !

LES AMPUTÉS.

« ...... On voit ici, écrit-on de Mar-
seille, beaucoup d'amputés qui attendent
leur admission aux Invalides ou le règlement
de leur pension. Ces braves sont l'objet de
la sympathie universelle. Hier au soir, quatre
jeunes soldats du 82ᵉ se promenaient ensemble : le plus âgé comptait à peine vingt-
trois ans ; deux d'entre eux étaient amputés
d'un bras, le troisième d'une jambe et le
quatrième des deux jambes. Les trois premiers étaient décorés de la médaille, le dernier de la croix d'honneur ; les jambes de
bois s'appuyaient gaillardement sur les
bras des deux manchots. Chacun s'arrêtait
sur leur passage et les regardait longtemps.
Je les suivis ; ils entrèrent dans une église.
J'y entrai moi-même et je les vis avec émotion tirer de leurs poches de petits livres

et prier dévotement. Je n'avais pas été moins ému, quelques jours auparavant en voyant deux zouaves en costume, agenouillés dans l'église de Saint-Martin et remerciant Dieu d'avoir recouvré l'usage de leurs pieds gelés en Crimée.

« Je continuai ma promenade, et j'arrivai sur la colline Bonaparte qui touche à la montagne de Notre-Dame-de-la-Garde, lieu de pèlerinage célèbre. Là m'attendait une autre touchante surprise. J'aperçus une dame jeune, belle, élégante, qui montait nu-pieds, un cierge à la main. Elle allait remercier la sainte Vierge du salut de son mari, capitaine à l'ancien 7e léger, qui, atteint de dix blessures devant la tour Malakoff, était resté parmi les morts. Les Russes, lui trouvant un reste de vie, le rapportèrent dans la ville, et grâce aux soins qu'on lui prodigua, il est aujourd'hui complétement guéri. Il se loue avec effusion de tous les égards que les Russes ont eus pour lui. Il dit entre autre choses que, pendant sa convalescence, le général en chef Osten-Sacken le fit servir de sa propre cuisine. »

Nous avons lu avec bonheur ces derniers détails, et la sympathie des Russes pour nos braves blessés fait honneur aux uns comme aux autres. On est heureux de voir, entre vaillants ennemis, ces échanges de généreux procédés qui montrent que, même sur les champs de bataille, et malgré les terribles nécessités de la guerre, la sainte humanité garde ses droits.

M. BATHILD BOUNIOL.

SOUVENIR DU PAYS.

Un homme m'accoste à la tombée de la nuit et me demande la permission de faire route avec moi. — « Ce soir, monsieur l'aumônier, après avoir porté des boulets aux tranchées, j'ai demandé à mon sergent-major la permission de rester un peu en arrière des autres pour aller voir deux jeunes soldats de la cinquième division. Leurs parents m'avaient écrit, à moi le plus ancien troupier du pays, pour me prier de les voir. Je ne les avais pas encore rencontrés depuis que je suis en Crimée. Ne voilà-t-il pas qu'en m'apercevant, ils se sont mis à pleurer ! Sans doute, ma vue leur rappelait le pays et leur famille. « Mais on « ne pleure pas pour ça, les enfants, que « je leur z'ai ¡dit. Oh ! nous ne sommes « pas ici pour pleurer. Moi aussi, j'aime « mon pays et ma famille. Tu le sais bien,

« toi, Pierre. Tu sais bien qu'après la mort
« de mon père, à mon retour du service,
« ma pauvre bonne femme de mère pleurait
« toute la journée, parce qu'elle ne savait
« comment payer une dette de quatre cents
« francs et que de mauvais voisins la tracas-
« saient. Eh bien ! je me suis engagé une
« seconde fois pour lui gagner un peu d'ar-
« gent, à c'te bonne mère. C'est pour cela
« que je suis en Crimée. Aussi, pendant l'hi-
« ver, lorsque je souffrais bien du froid et
« de la faim, je me disais : — Faut pas
« pleurer. T'as faim, l'ami, et t'as froid ;
« mais c'est pour ta vieille mère. Et, pen-
« dant ce temps-là, elle se chauffe, la pau-
« vre femme, et elle mange tranquillement
« son pain noir. — Comme me l'a dit sou-
« vent feu notre ancien curé, quand j'allais
« au catéchisme, celui qui honore son père
« et sa mère vivra éternellement. Ainsi un
« peu de patience, mon tour viendra de
« me reposer. » — « Je leur z'ai dit ça,

monsieur l'aumônier, et ils n'ont plus pleuré, et nous avons mangé un morceau de lard et bu une goutte ensemble, et ils sont retournés à leur corvée. Ah ! c'est que, voyez-vous, monsieur l'aumônier, nous sommes d'un pays où les choses se font bien. En Alsace, on apprend bien les devoirs du chrétien aux enfants. Ça ne s'oublie pas ; ça reste toute la vie. »

CONSOLATION PHILOSOPHIQUE.

Voici une salle remplie de blessés. On
vient d'apporter ces hommes à dos de mu-
lets. Je les trouve étendus dans la baraque
destinée à leur servir d'infirmerie. Celui-ci
a un œil de moins ; celui-là tient suspendue
par une bande de toile sa mâchoire fracas-
sée ; à ce troisième il manque un bras ; le
quatrième n'a plus qu'une jambe, et ainsi
de suite. — « Bonjour, mes enfants. —
Ah ! monsieur l'aumônier, quelle mine nous
devons faire ainsi étalés en rang d'oignons !
me répond en souriant un pauvre garçon
auquel on a coupé le bras et la jambe. Ah !
dans nos villages, lorsque arrive le moin-
dre accident ou lorsqu'*un vieux bonhomme*
succombe à quatre-vingts ans, *toutes les bon-
nes femmes lèvent les* mains au ciel, elles
pleurent et se lamentent ; elles ont l'air de

se demander comment un événement aussi
naturel a pu arriver. Ah! bien, elles au-
raient joliment à faire dans ce pays-ci, en
face de tant de jeunes gens mutilés par le
feu de l'ennemi. » — « Oh! reprend un second blessé, pleurer, c'est bien de cela qu'il
s'agit à la guerre. Nous sommes ici pour
combattre, être blessés et mourir s'il le
faut, mais sans regrets. Lorsqu'on a fait son
devoir, quelles qu'en soient les conséquen-
ces, l'homme qui a bien agi doit s'estimer
heureux. »

CIVILISATION CHRÉTIENNE
EN TURQUIE.

Si quelques musulmans entêtés voient avec peine circuler les prêtres catholiques au milieu d'eux, l'ensemble de la population ne partage ni leurs répugnances ni leur mépris. J'ai été au milieu de la population turque l'objet d'une petite ovation dont le récit vous amusera. Un jour que mes affaires m'appelaient à Stamboul, je descendis à Dolma-Bagtché et je pris un caïque pour traverser la *Corne d'or;* or, tandis que, étendu immobile au fond de l'esquif, je m'étudiais à conserver mon équilibre pour ne pas chavirer, j'aperçus mon batelier très-attentif à considérer la croix d'argent suspendue sur ma poitrine. Alors, je pris cette croix et je la baisai respectueusement. Mon Turc, loin d'en paraître surpris, regarda le ciel et me dit : — « *Francese bono.—Catholico bono,* repris-je avec un ton fortement accentué. — *Bono, bono,* » répéta le Turc en montrant ma croix. — Et plusieurs fois, pendant notre petite traversée, il renouvela les mêmes démonstrations. Arrivé à la pointe du vieux sérail, je saute hors dé mon caïque, je donne quelques piastres à mon conducteur et je m'enfonce dans Stamboul, accompagné de deux soldats d'ordonnance. Or, tandis que, à la porte d'un magasin de tabac, j'attendais que mes hommes eussent fait leurs emplettes, je vois tout à coup s'arrêter devant moi un jeune homme de vingt ans, en riche costume oriental. Il regarde ma croix, la prend dans ses mains et s'inclinant, il fait un signe de croix sur lui-même, en disant avec une expression de bonheur : *Moi, armèn catholic!* Un second jeune homme arrive et fait comme le premier ; puis un troisième, puis un quatrième. Tant qu'il n'y eut que des catholiques, je ne m'étonnai pas tant de cette démonstration. Mais bientôt arrivèrent d'autres jeunes gens de différentes nations et de religions diverses; de jeunes juifs s'en mêlèrent comme les autres, et soudain je me vis entouré d'une foule de jeunes hommes de tout costume et de toutes couleurs, qui m'accompagnaient dans les rues de Stamboul en disant: *Prêtre francèse bono*. Ils s'arrêtaient avec moi à la porte des boutiques, et continuaient leur route lorsque je marchais. Sur ces entrefaites, passe un officier anglais catholique. Emporté, sans doute, par le désir de donner plus de poids à cette espèce de démonstration religieuse, il vient à moi, me prend la main, me dit en anglais qu'il est catholique, saisit ma croix et fait avec elle un signe respectueux sur son front et sur sa poitrine. Je vous laisse à penser l'étonnement des bons vieux Turcs de Stamboul.

... Je ne sais si je me trompe, mais je

formulerais volontiers ma pensée de la sorte : « *La France implantera la civilisation chrétienne en Turquie à force de bienfaits.* »

Sur la terre de Crimée, les Turcs seraient bien malheureux sans nous. Leurs troupes sont fort mal organisées au point de vue matériel ; j'ai vu plusieurs fois, cet hiver, transporter des soldats turcs malades de leur camp au rivage de la mer. Rien de plus triste que ce spectacle. Au milieu de la neige, par le vent et par le froid, de pauvres poitrinaires ou d'autres hommes épuisés par la dyssenterie, par la fièvre, étaient hissés sur des chevaux et placés à califourchon sur un mauvais bât. On s'inquiétait peu de savoir s'ils étaient suffisamment forts pour faire deux lieues en cet état. C'était la consigne ; il fallait partir. Aussi, dès les premiers pas du cheval, ces malheureux tombaient sur le cou de l'animal, et leur tête pendait incertaine comme celle des animaux que les bouchers conduisent à l'abattoir.

Notre digne général en chef n'a pas voulu tolérer d'aussi étranges misères. Il a ordonné que les Turcs fussent soignés par nos médecins ; il a mis nos cacolets et nos litières au service des plus malades.

.... Oh ! la belle mission que celle de la France ! Elle semble s'être transportée en Orient, moins encore pour faire une guerre glorieuse et donner l'exemple de la magnanimité et de la grandeur d'âme, que pour continuer son action civilisatrice à travers le monde. Elle est venue en Turquie pour révéler la grandeur de l'homme à l'homme qui se méconnaissait lui-même, et, messagères pacifiques de la vérité, ses armées portent et répandent la lumière au milieu des ténèbres de l'erreur.

L'ŒUVRE DES PETITS RAMONEURS.

Vous avez souvent, n'est-il pas vrai, jeté un regard de commisération sur ces pauvres enfants de l'Auvergne (autrefois c'était de la Savoie), qui se rendent chaque année, vers la fin de l'automne, à Paris pour y glaner quelques sous en exerçant leur industrie.

Dès l'année 1735, le sort de ces pauvres enfants, en si grand nombre et orphelins en quelque sorte, préoccupait une âme généreuse, un bon prêtre, fils pieux de la Bretagne, cette terre classique du dévouement, l'abbé de Pontbriand. Il institua l'*Œuvre des Petits Savoyards*, qui avait pour but de venir en aide aux pauvres enfants dans leur isolement, de les instruire, de les diriger, de les secourir, en un mot, par une prévoyante tutelle, de suppléer à la famille absente.

Après trente-deux ans de ce laborieux et utile apostolat, l'abbé de Pontbriand mourut; mais un autre bon prêtre, un héros de la charité aussi, qui portait un nom cher entre tous à la religion et à la France, l'abbé de Fénelon, s'empressa de recueillir le pieux héritage de M. de Pontbriand. L'Œuvre naissante des *Petits Savoyards*, mise en péril par la mort de son fondateur, ne pouvait tomber en de meilleures mains ; l'abbé de Fénelon s'y dévoua tout entier, en lui consacrant, avec ses soins assidus et intelligents, sa fortune assez considérable. L'œuvre aussi ne fut jamais si prospère et fit un bien immense. Pour tous les petits Savoyards l'abbé de Fénelon était non comme un protecteur seulement, mais comme un père, et ils ne prononçaient son nom qu'avec la plus affectueuse vénération. Aussi, lorsqu'à une époque sinistre, à une époque de crimes et de démence, où la vertu devenait un titre à la proscription, l'abbé de Fénelon se vit arrêté comme suspect (suspect de charité sans doute), grande fut la douleur de ses enfants adoptifs, et l'on sait par quels témoignages ingénieux de reconnaissance ils s'efforçaient d'adoucir pour lui les ennuis de la captivité. De temps en temps, sous les fenêtres de la prison, un petit ramoneur venait avec sa vielle, dont il jouait quelque air connu du bon prêtre pour l'avertir que son souvenir était toujours vivant dans les cœurs.

Traduit devant le tribunal révolutionnaire le 7 juillet 1794, l'abbé de Fénelon, coupable à un double titre, comme prêtre et comme ci-devant, fut condamné à mort. Les enfants de la Savoie, qui n'avaient pas craint de se réunir pour conjurer ce malheur et obtenir la mise en liberté du prisonnier, atterrés par le cruel arrêt, voulurent du moins donner à leur bienfaiteur une dernière preuve d'affection, et ils le suivirent courageusement jusqu'à l'échafaud. Ce trait,

qu'on sait gré à l'histoire de n'avoir point
oublié, console un instant au milieu de tant
d'horreurs.

L'*Œuvre des Petits Savoyards* disparut
dans le vaste naufrage où la société elle-mê-
me s'était engloutie. Et l'orage passé, l'ordre enfin rétabli, de longues années s'écou-
lèrent avant qu'on pût songer au vide que
laissait l'institution détruite. Ce ne fut qu'en
1816 que M. l'abbé Legris-Duval s'occupa
de rétablir, autant qu'il le pouvait, sur ses
anciennes bases, l'*Œuvre des petits Ramoneurs ;* mais la mort ne lui laissa pas le
temps d'achever l'entreprise.

Après quelques autres tentatives géné-
reuses que le manque de ressources fit avor-
ter, la réalisation du projet parut abandon-
née, pour un temps du moins. Car, qui peut
décourager la persévérance de la charité ?

En effet, en 1854, on s'inquiéta de nou-
veau sérieusement du sort des *petits ramoneurs.* MM. P*** et O***, deux laïques cette

fois, deux hommes de cœur et d'initiative comme on en rencontre tant parmi les membres de la société de Saint-Vincent-de-Paul, firent appel à la charité de leurs collègues en faveur de ces familles de ramoneurs si nombreuses à Paris, surtout dans le XIIe arrondissement. L'appel fut entendu, et plusieurs dames s'empressèrent généreusement d'ouvrir leurs bourses aux fondateurs qui purent constituer l'œuvre sur des bases solides.

Espérons qu'avant peu d'autres conférences, celles de Saint-Laurent, de Sainte-Marguerite, etc., etc., suivront l'impulsion donnée et verront fleurir des œuvres analogues. Puissions-nous, dans quelques mois, quand viendra l'hiver, apprendre que nos espérances sont devenues, pour chacune de ces paroisses, une consolante réalité !

En attendant qu'il nous soit donné d'applaudir au résultat de leurs efforts, félicitons l'œuvre-mère qui vient de recueillir sa première moisson. Le 9 avril 1855, trente pauvres enfants, habillés de neuf aux frais de l'œuvre, s'approchaient de la table sainte dans l'église de Saint-Etienne-du-Mont (on en comptait cent dix d'inscrits au catéchisme). Et, spectacle non moins consolant, des pères et des mères vinrent s'agenouiller à leur tour au pied de l'autel ; car l'œuvre s'occupe des parents aussi bien que des enfants.

Après cette touchante cérémonie, qui avait remué tous les cœurs, un déjeuner splendide réunit, dans le brillant hôtel de M. K***, les membres de l'œuvre et les communiants. Mme 'K***, cette élégante patricienne, fit les honneurs du repas avec la plus charmante amabilité ; et ce n'était pas un petit mérite, car plus de cent convives se pressaient autour de la table hospitalière. Au dessert, Mlle K***, digne enfant d'une telle mère, vint distribuer de belles oranges à chacun des jeunes communiants ; puis

M. O***, président de l'œuvre, improvisa quelques vers inspirés par la circonstance, et qui firent couler plus d'une larme. Dans l'après-midi, Mgr de Tripoli donna le sacrement de confirmation, et les enfants, devenus des hommes, se rendirent dans une maison religieuse de la rue du Montparnasse, où leur fut servi un goûter qui rivalisait avec le déjeuner. On ouvrit ensuite le grand jardin de la maison; ils s'y livrèrent aux jeux de leur âge avec une joyeuse ardeur, tempérée cependant par la pensée du grand acte qui avait marqué pour eux cette solennelle journée, et dont le souvenir, conservé précieusement, planera sur toute leur vie, source féconde de saintes inspirations. Malheureux celui qui ne se rappelle pas avec bonheur, avec attendrissement ce jour de la première communion, que Napoléon, au faîte de la puissance, après tant de journées immortalisées par des victoires, nommait avec émotion *le plus beau jour de sa vie!*

Nos petits ramoneurs, le soir venu, n'ont pas voulu se séparer sans offrir à la sainte Vierge un témoignage de leur naïve affection ; et sur le front de la divine Mère brille maintenant une magnifique couronne de roses blanches, qu'y posèrent les mains de ces pieux enfants.

N'oublions pas, en terminant, un petit trait à la louange des fondateurs de l'œuvre. Certain jour, un bambin, tout barbouillé de suie et dans le costume de l'emploi, se présente à l'un de ces messieurs en sollicitant avec instance son admission. On prend ses nom, prénoms et adresse, puis on l'ajourne à la semaine suivante pour la décision. Au jour indiqué, il se présente ponctuellement. « Mais, mon petit, tu nous as trompés ; tu n'es pas ramoneur, et nous ne pouvons te recevoir ! Cela ressemble à un mensonge, et le mensonge est toujours une vilaine chose. » — « Oh ! messieurs, je serai bien sage, je vous le promets ; je serais si fier d'être des vôtres. Essayez seulement pendant quelques jours, et vous verrez. »

L'épreuve réussit, et le ramoneur de contrebande fut admis *exceptionnellement*.

UN VIEUX DE LA VIEILLE.

Deux années environ avant sa mort, arrivée le 24 février 1845, le général Bernard aborde, un jour de réunion de la Société de Saint-François-Xavier, un ecclésiastique respectable :

— Tenez, lui dit-il, je suis un vieux gredin (*sic*), un pas grand'chose.

— Allons donc ! tout au plus peut-on vous accuser d'être un retardataire vis-à-vis du grand général de là-haut; à la bonne heure; mais vous lui reviendrez un jour ou l'autre, et plus tôt que vous ne pensez peut-être.

— Franchement, les conférences de notre société, ce que je vois ici comme ce que

j'entends, tout cela me remue. Mais.... c'est
que... c'est que... pour en finir, il y a... la
confession ! et, comme on dit au régiment :
C'est le *hic ;* une batterie à enlever me fe-
rait moins peur.

— Peur d'enfant, mon général, idée pure !
La confession n'est un épouvantail que de
loin et pour ceux qui ne la connaissent pas.
Essayez seulement, et vous m'en direz des
nouvelles.

— Hum.... hum.... A la manière dont
vous en causez, on croirait qu'il s'agit d'une
partie de plaisir !

A quelques semaines de distance, le
bon prêtre voit entrer le général, qui lui
dit en lui pressant les mains :

— Je suis plus heureux que le jour où j'ai
reçu la croix, et ce n'est pas peu dire !
Savez-vous ce que j'ai fait ces jours-ci ?

— Non, mais je le soupçonne à vos re-
gards.

— Juste ! Vraiment oui ! j'ai fait le grand

pas! tous les anciens comptes réglés! Au diable le vieil homme (ah! pardon, habitude de soldat)! J'ai voulu suivre, j'ai suivi votre conseil; je me suis confessé. Et, que vous aviez bien raison : ça n'est effrayant qu'à distance et pour les poltrons! Il suffit de commencer, et ensuite rien de plus facile. Oh! merci, merci!

Le brave général, régénéré par la parole divine, après avoir vécu en loyal soldat et en honnête homme, voulut mourir en bon chrétien; il appela sa famille à son lit de mort et lui dit :

« Mes enfants, je vous remercie de toutes les preuves d'affection que vous m'avez données, et je vous prie de me pardonner les peines que j'aurais pu vous causer en cette vie. »

Après un silence de quelques moments, interrompu par les sanglots des assistants, il reprit :

« Vous tous que j'aime, je vous bénis au nom du Père, du Fils et du Saint-Esprit. »

Puis, il inclina la tête, pendant qu'un dernier et paternel sourire glissait sur ses lèvres. L'âme du juste était devant Dieu.

Cambrai. Imp. de Simon, rue St-Martin, 18.

CAMBRAI

SIMON, Imprimeur-Éditeur

rue Saint-Martin, 18